Los niños no lloran, las niñas no juegan fut

Ilustración de portada: Mariana Villanuéva Segovia
Ilustraciones de interiores: Mariana Villanueva Segovia

© Rut Rocha (1983).
e/o Base tres, www.base-tres.com

Titulo original: Faca Sem Ponta, Galinha Sem Pé

© 2018, Traducción: Federico Ponce de León

Derechos reservados

© 2018, Editorial Planeta Mexicana, S.A. de C.V.
Bajo el sello editorial PLANETALECTOR M.R.
Avenida Presidente Masarik núm. 111, Piso 2
Colonia Polanco V Sección
Delegación Miguel Hidalgo
C.P. 11560, Ciudad de México
www.planetadelibros.com.mx

Primera edición impresa en México: enero de 2018
Primera reimpresión en México: abril de 2019
ISBN: 978-607-07-4572-0

Impreso en los talleres de Impresora Tauro, S.A. de C.V.
Av. Año de Juárez 343, Colonia Granjas San Antonio, Delegación Iztapalapa
C.P. 09070, Ciudad de México.
Impreso en México – *Printed in Mexico*

Los niños no lloran, las niñas no juegan fut

Ruth Rocha

Ilustraciones de Mariana Villanueva Segovia

Planetalector
Literatura Infantil y Juvenil

Ésta es la historia de dos hermanos.
Con ellos sucedió una cosa muy extraña,
muy rara y muy difícil de creer...

Eran, pues, dos hermanos: un niño, Arturo, y una niña, Jimena. Vivían con sus papás: don Setúbal y doña Beatriz. Los problemas que tenían no eran distintos de los problemas de todos los hermanos. Por ejemplo, Arturo agarraba la pelota para irse a jugar futbol, y entonces venía Jimena:

—¡Yo también quiero jugar!

Arturo se enojaba:

—¿Dónde se ha visto una mujer que juegue futbol?

—En todos lados.

—Es que yo no te quiero llevar. ¿Qué van a decir mis amigos?

—¿Y a mí qué me importa lo que vayan a decir tus amigos?

—A mí me importa. No te llevo y punto.

Jimena se ponía furiosa: azotaba puertas, pateaba lo que encontraba en el piso y ponía caras feas.

Doña Beatriz se enojaba:

—¿Qué es eso, niña? ¡Vaya comportamiento! Las niñas tienen que ser delicadas, lindas...

—¿*Lindas?* No, pues sí... —respondía Jimena de mal modo.

A veces Arturo llegaba de la calle todo apaleado, llorando.

—¿Qué es eso? —le preguntaba asombrado don Setúbal—. ¿Qué fue lo que pasó?

—¡Fue Carlos! ¡El muy animal me pegó allá en la esquina! —lloriqueaba Arturo.

Don Setúbal se ponía furioso:

—¿Y tú? ¿Tú qué hiciste? No habrás corrido, ¿verdad? Un hijo mío no haría eso. Regresa ya, ahorita, y pégale tú también. Y vamos dejando el llanto, ¡que los niños no lloran!

Arturito no le hacía caso:

—Lloro de coraje, ¡de odio!

Jimena se entrometía:

—¡Así son los hombres! Cuando nosotras lloramos, es porque somos débiles, por bobas, por cobardes. Ah, pero cuando lloran los hombres... *es de coraje.*

Arturo se ponía furioso. Quería pegarle a su hermana.

Doña Beatriz se ponía en medio de los dos:

—¡¿Qué es eso, niño?! A una niña no se le pega ni con el pétalo de una rosa...

Arturo se iba, aunque reviraba:

—... Pero sí con un garrote.

Y las peleas se repetían siempre.

Cuando Jimena se subía al árbol a bajar unas guayabas, Arturo la molestaba:

—Mamá, mira a Jimena subida en el árbol. ¡Parece niño!

—¡Ya quisieras! —le gritaba Jimena—. Si tú te subes al árbol a todas horas, ¿por qué yo no puedo?

—¡Porque eres mujer! Por eso no puedes. Y ni vale la pena que lo discutas. ¡Las mujeres son mujeres, y los hombres, hombres!

Cuando Arturo se ponía una camisa nueva y se miraba en el espejo, Jimena lo provocaba:

—¡Mira nada más qué mujercita tan vanidosa!

O si Arturo se conmovía con algo, como aquella película triste en la que una niña se quedaba sola, sin nadie que la cuidara, Jimena empezaba a burlarse:

—¿Ya vas a llorar? ¿Y también es de coraje?

Pero otras veces eran muy amigos: jugaban a las cartas, veían la televisión juntos, iban al cine...

Un día...

Había llovido mucho y los dos hermanos regresaban de la escuela. De repente, Arturo gritó:

—¡Mira nada más qué arcoíris!

—¡De veras! ¡Qué grandote y qué bonito!

—Y fíjate, está muy cerca —se asombró Arturo—. ¿Pasamos por debajo?

¡Vamos!

Jimena se rio:

—Dice la tía Edith que si uno pasa por debajo del arcoíris antes de mediodía y es hombre, se convierte en mujer, y si es mujer, se convierte en hombre...

—¡Qué tontería! —dijo Arturo—. ¿Quién cree en esas cosas?

Y los dos hermanos se dieron las manos y corrieron, corrieron en dirección del arcoíris.

De repente se detuvieron, asustados. Se estaban sintiendo rarísimos.

—¿Qué pasó? —preguntó Jimena. Y su voz sonó diferente, parecía más gruesa.

—Quién sabe —dijo Arturo. Pero se calló enseguida, porque estaba hablando como una niña.

—Me pasó algo muy extraño —murmuró Jimena.

—A mí también... —exclamó Arturo.

Y los dos se miraron muy asustados...

Y corrieron a casa.

Se imaginarán ustedes el barullo en la casa cuando contaron lo que les había sucedido. Al principio nadie les creía.

—¡Qué broma más tonta! —dijo don Setúbal.

—¿Van a dejar de hacer eso? —dijo doña Beatriz.

Pero después se tuvieron que convencer. Y ese día, durante la cena, nadie se peleó por saber si una niña podía hacer tal o cual cosa.

Al final nadie sabía con certeza quién era quién...

Los papás de Jimena y Arturo se quedaron platicando hasta la madrugada.

—Creo que lo mejor es no contarle a nadie —decía don Setúbal.
—Pero ¿qué haremos? Todo el mundo se va a dar cuenta —argumentó doña Beatriz—. ¡Y hasta podrían pensar que pasó algo peor!

—¿Y sus nombres? ¿Cómo van a quedar? —preguntó don Setúbal.

—¡De veras! —lloriqueó doña Beatriz—. Jimenita, Dios mío, es el nombre de mi mamá, que en gloria esté, y ahora se tendrá que llamar Jimeno. ¡Jimeno, Setúbal! ¿Ése es nombre de persona? Y Arturo se tendrá que llamar Artura, qué horror. ¿Es posible algo así?

—Ahora estoy pensando en otro problema —dijo Setúbal—. Está bien que Jimeno vista como hombre, pues las mujeres hoy en día sólo se quieren vestir de hombre... Pero ¡vestir a Artura de mujer! No sé, no sé... ¿Y si él, digo, ella, quiere ser hombre de nuevo?

—Ah, ¡quién sabe! —dijo doña Beatriz—. Ya no sé ni qué pensar. Mejor vamos a dormir...

Al día siguiente, el problema de la ropa se resolvió con facilidad. Fue sólo cosa de que ambos se pusieran jeans, playera y tenis.

Jimeno y Artura jugaban y reían, como si nada hubiera sucedido, disimulando para que sus padres no se preocuparan más de lo que ya estaban.

Pero tan pronto como salieron de casa se quedaron serios. No sabían cómo le iban a hacer en la escuela.

Más tarde, en una esquina, Arturo, digo, Artura, porque era niña, pateó su mejor disparo contra una corcholata de cerveza que estaba en el piso.

—¿Puedes dejar de hacer eso? No es lo que haría una niña —le dijo Jimeno.

—¿Y yo soy niña? —reclamó Artura.

—Sí, ¿no?

—Ah, pero no me siento niña: quiero patear corcholatas, volar papalotes, jugar al burro...

—Uh, pues yo también quería hacer todo eso que, según tú, las niñas no podemos hacer —reclamó Jimeno.

—¿Yo? Pero si todo el mundo lo dice —dijo Artura—. Que las niñas no juegan futbol, que las mujeres se quedan en la casa...

—Pues ahí está. ¡Ahora te aguantas! No puedes, no puedes, no puedes...

—Ah, pero yo ahora puedo llorar cómodamente, puedo ser vanidoso, temerle a la oscuridad. Cuando tenga que bajar por agua en la noche, vas a ser tú la que tenga que ir. Y cuando quiera ver las telenovelas, nadie me va a molestar...

Y se quedaron allí un tiempo, discutiendo la situación.

De repente, Artura se acordó de que tenía que ir a la escuela.

—¿Sabes una cosa? —dijo Jimeno—. Yo no voy a ir a la escuela viéndome así de ridícula.

—No sé por qué dices *ridícula*. Ridículo yo, aquí, convertido en mujer.

—¿Quieres ir a la escuela? —preguntó Jimeno.

—¡Yo no! —respondió Artura. Y se sentó en una bardita, muy desanimada.

Jimeno se sentó también.

—¿Sabes algo? —dijo Artura—. Tenemos que hallar un arcoíris para pasar por debajo otra vez.

—Pero ni está lloviendo —lloriqueó Jimeno, que ahora era niño, pero bien que tenía ganas de llorar...

—Sí, pero si no lo buscamos, no lo vamos a encontrar. Y si no lo encontramos, vamos a quedarnos así toda la vida.

Entonces Jimeno tomó una decisión:

—Fíjate. Voy a ir, pero solo, no te voy a llevar. Las niñas nada más sirven para atorarnos.

Artura hizo la rabieta de su vida:

—Ah, ¿sí? ¡Pues vete! Yo también lo voy a buscar sola, y no quiero hablar contigo. Vamos a ver quién lo encuentra primero.

Y cada uno se fue por su lado, sin siquiera mirar atrás.

Los dos dieron vueltas todo el día, pero no había caído ni siquiera una llovizna, de modo que no había cómo encontrar el arcoíris.

Y al otro día fue lo mismo, y al día siguiente, y al siguiente.

En casa, las cosas empeoraban cada vez más. Uno se metía con el otro, le hacía burla, le prohibía:

—¡Los niños no pueden hacer eso!
—¡Eso no lo hacen las niñas!
—¿Cuándo se ha visto...?
—¡Qué cosa más fea...!
—Le voy a decir a mi mamá
Si el arcoíris no aparecía pronto...
Hasta que un día se despertaron y estaba
lloviendo. Era la lluvia más fuerte que habían
visto.

Truenos, relámpagos, agua que no se acababa.

Los dos rogaban por que pasara la lluvia. Y cuando pasó, salieron, como siempre, cada uno por su lado, buscando el arcoíris.

Jimeno llegó más allá de la escuela, hasta un lugar donde nunca antes había ido.

Y ya venía de regreso, desanimado, cuando vio, justo frente a él, el arcoíris.

Entonces corrió y pasó por debajo. Pero no sucedió nada.

Jimeno seguía siendo Jimeno.

Con Artura, la cosa fue más o menos igual. Caminó y caminó hasta las afueras de la ciudad. Y sólo cuando venía de regreso se encontró el arcoíris. Corrió, pasó por debajo..., ¡y nada!

Se encontraron los dos en la puerta de la casa:

—Nada, ¿eh? —preguntó Artura.

—Nadita —respondió Jimeno.

—¿Qué habrá pasado? —dijo uno.

—¿Qué no habrá pasado? —dijo el otro.

Y los dos se sentaron, tan amigos, y se contaron el uno al otro cómo habían encontrado el arcoíris, habían pasado por debajo de él y nada había sucedido.

De repente, Artura se levantó, animada:

—¡Espera! Tía Edith dijo que había que pasar debajo del arcoíris antes de mediodía, ¿no? Entonces, para volver a la normalidad, tendríamos que pasar después de mediodía, ¿verdad?

—¡Es verdad! —dijo Jimeno—. Y es más: cuando nos intercambiamos, pasamos de allá para acá, ¿no? Veníamos de la escuela, ¿cierto? Pues ahora tenemos que pasar de aquí para allá, para volver a la normalidad.

Artura se le quedó viendo a Jimeno:

—¿Sabes qué? Eres una experta, a pesar de ser niña.

Jimeno respondió:

—Tú también eres una experta, a pesar de ser niña.

Ambos rieron como hacía mucho que no lo hacían. Y juntos salieron en busca del arcoíris.

Y de repente, ahí estaba. Grande, brillante, colorido, como desafiante.

Jimeno y Artura se tomaron de las manos.

Y corrieron, juntos, en dirección al arcoíris. Y finalmente se dieron cuenta de que algo, una vez más, había sucedido.

Entonces rieron, se abrazaron y, abrazados, comenzaron el camino a casa.

Entonces Jimena vio una corcholata de cerveza en la acera.

Corrió a patearla y le dio un pase a Arturo. Arturo se la regresó, y los dos volvieron a casa jugando con ella.

La autora

RUTH ROCHA

En mi infancia, las historias siempre estuvieron presentes. Cuentos de hadas, *Las mil y una noches*, cuentos folclóricos... Leídos y contados por mi madre, mi padre y, en especial, mi abuelo Ioiô.

Mi abuelo conocía todas las historias que existían, pero siempre ambientadas en Bahia, de donde llegó la familia. Los personajes hablaban de lugares con nombres chistosos, como Caixaprego o Ladeira do Escorrega. Y las historias terminaban siempre en bodas, llenas de golosinas sabrosas...

Por eso digo que las historias entraron en mi vida por el camino más efectivo: el camino afectivo.

Hoy soy yo quien cuento historias. Para todos los niños: a los que les gustan los clásicos y también a los que, como mi hija, les gustan las historias sobre el cenicero, la mesa, la luna... Dejé que la profesión de escritora me eligiera, y me fui inventando esa profesión....

La ilustradora

MARIANA VILLANUEVA SEGOVIA

Lo que más disfruto de mi trabajo es imaginar la vida de los personajes de los cuentos que ilustro, qué les gusta desayunar, de qué color son sus calzones, cuál es su serie de televisión favorita, si se arrancan los pellejitos de los dedos, si les gusta jugar con muñecas o patear corcholatas. Me encanta imaginar sus intimidades más profundas para poder ilustrar libros como el que ahora tienes en tus manos.

Impreso en los talleres de Impresora Tauro,
S.A. de C.V., Av. Año de Juárez #343, colonia
Granjas San Antonio, Delegación Iztapala,
C.P. 09070 Ciudad de México.
Impreso y hecho en México / *Printed in Mexico*